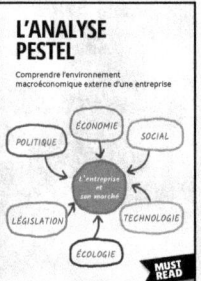

Une publication de Peter Lanore

LE MANAGEMENT PAR OBJECTIFS

Fixer des objectifs clairs
pour améliorer la performance

LE MANAGEMENT PAR OBJECTIFS 5

Introduction du management par objectifs   5

Description du management par objectifs   6

Comment utiliser la méthode du management par objectifs   8

Avantages et forces du management par objectifs   11

Inconvénients et limites du management par objectifs   12

Alternatives et méthodes complémentaires du management
par objectifs   14

Applications du management par objectifs   16

Pour aller plus loin du management par objectifs   19

Conclusions et recommandations d'usage du management
par objectifs   20

LE MANAGEMENT PAR OBJECTIFS

INTRODUCTION

Le management par objectifs (MBO, *Management By Objectives*) est une approche de gestion qui a été développée dans les années 1950 par Peter Drucker, un écrivain et consultant en gestion. Le MBO est une méthode de gestion qui se concentre sur la définition d'objectifs clairs et mesurables pour les employés, afin de les motiver et de les guider dans l'accomplissement de leurs tâches.

Drucker a d'abord présenté l'idée du MBO dans son livre *The Practice of Management* publié en 1954, où il a souligné l'importance de définir des objectifs clairs et mesurables pour les employés pour augmenter leur motivation et leur performance. Depuis lors, le MBO est devenu une approche de gestion largement utilisée dans de nombreuses entreprises et organisations du monde entier.

La méthode MBO est basée sur une approche participative de la gestion, où les employés sont impliqués dans la définition de leurs propres objectifs en collaboration avec leur supérieur hiérarchique. Les objectifs sont spécifiques, mesurables, réalisables, pertinents et temporels (SMART) et les employés sont évalués en fonction de leur performance par rapport à ces objectifs.

Le MBO est considéré comme une approche de gestion efficace pour améliorer la performance des employés, car il permet de définir des attentes claires et mesurables pour les employés, de les responsabiliser et de les motiver à travailler vers des objectifs communs.

DESCRIPTION

Le management par objectifs est une méthode de gestion qui implique la définition d'objectifs clairs et mesurables pour les employés, afin de les motiver et de les guider dans l'accomplissement de leurs tâches. Voici les éléments sur lesquels la méthode MBO repose, ainsi que des exemples pour mieux comprendre comment elle fonctionne :

- **Objectifs clairs et mesurables** : les employés doivent se voir assigner des objectifs spécifiques, mesurables, réalisables, pertinents et temporels (SMART). Les objectifs peuvent être liés à des tâches spécifiques, des projets ou des initiatives plus larges de l'entreprise.

  Exemple : un employé peut avoir pour objectif d'augmenter le nombre de ventes de produits de 10 % au cours du prochain trimestre.

- **Participation des employés** : dans la méthode MBO, les employés sont impliqués dans la définition de leurs propres objectifs en collaboration avec leur supérieur hiérarchique. Les employés peuvent être invités à proposer des objectifs, à évaluer leur propre performance et à suggérer des moyens d'atteindre leurs objectifs.

  Exemple : un employé peut proposer d'utiliser des stratégies de marketing en ligne pour atteindre l'objectif d'augmenter le nombre de ventes de produits de 10 % au cours du prochain trimestre.

- **Suivi des progrès** : tout au long de la période de travail, les employés et les supérieurs hiérarchiques suivent les progrès réalisés vers les objectifs fixés.

  Exemple : un employé peut tenir un registre de ses progrès en matière de ventes, en notant le nombre de ventes effectuées chaque jour, les méthodes de marketing utilisées et les défis rencontrés. Le supérieur hiérarchique peut organiser des réunions régulières pour évaluer les progrès réalisés, offrir des commentaires et apporter des modifications si nécessaire.

- Évaluation de la performance : à la fin de la période de travail, les employés sont évalués en fonction de leur performance par rapport aux objectifs fixés.

  Exemple : à la fin du trimestre, l'employé peut être évalué en fonction du nombre de ventes réalisées, de la qualité de son travail et de sa contribution à l'équipe.

En utilisant la méthode MBO, les employés peuvent être motivés à travailler de manière plus efficace et à atteindre des objectifs clairs et mesurables. La méthode MBO permet également aux employés de participer activement à la définition de leurs propres objectifs, de favoriser la communication et la collaboration au sein de l'entreprise, et de créer un sentiment de responsabilité pour les employés.

COMMENT UTILISER LA MÉTHODE DU MANAGEMENT PAR OBJECTIFS

Le management par objectifs est une méthode de gestion qui implique la définition d'objectifs clairs et mesurables pour les employés, afin de les motiver et de les guider dans l'accomplissement de leurs tâches. Voici comment utiliser la méthode MBO dans le contexte de votre entreprise.

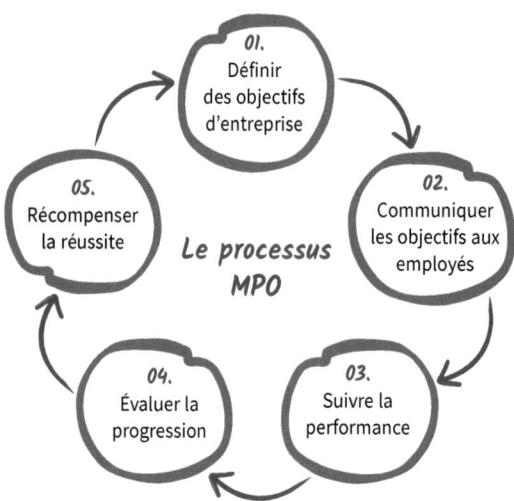

1. **Établir des objectifs clairs**: la première étape de la méthode MBO consiste à établir des objectifs clairs et mesurables pour les employés. Les objectifs doivent être spécifiques, mesurables, réalisables, pertinents et temporels (SMART). Les objectifs peuvent être liés à des tâches spécifiques, des projets ou des initiatives plus larges de l'entreprise.

2. **Impliquer les employés** : dans la méthode MBO, les employés sont impliqués dans la définition de leurs propres objectifs en collaboration avec leur supérieur hiérarchique. Les employés peuvent être invités à proposer des objectifs, à évaluer leur propre performance et à suggérer des moyens d'atteindre leurs objectifs.

3. **Suivre les progrès** : tout au long de la période de travail, les employés et les supérieurs hiérarchiques surveillent les progrès réalisés vers les objectifs fixés. Les employés peuvent tenir des registres de leurs progrès et des défis rencontrés, tandis que les supérieurs hiérarchiques peuvent organiser des réunions pour évaluer les progrès réalisés et fournir des commentaires.

4. Évalue**r la performance** : à la fin de la période de travail, les employés sont évalués en fonction de leur performance par rapport aux objectifs fixés. Les employés peuvent être évalués en fonction de la qualité de leur travail, de leur contribution à l'équipe et de leur capacité à atteindre les objectifs fixés.

5. **Récompenser la réussite** : à la suite de l'évaluation, il est recommandé de mettre en place un système de reconnaissance de la performance. Il peut s'agir d'un bonus, collectif ou individuel, ou d'une reconnaissance non financière.

Il est important de souligner que la méthode MBO n'est pas une approche de gestion rigide et formelle, mais plutôt une méthode flexible qui peut être adaptée à différents contextes et entreprises. La méthode MBO peut être utilisée à tous les niveaux de l'entreprise, de la direction générale aux employés de production, et peut être utilisée pour des tâches spécifiques, des projets à court terme ou des initiatives à long terme.

En utilisant la méthode MBO, les employés peuvent être motivés à travailler de manière plus efficace et à atteindre des objectifs clairs et mesurables. La méthode MBO permet également aux employés de participer activement à la définition de leurs propres objectifs, de favoriser la communication et la collaboration au sein de l'entreprise et de créer un sentiment de responsabilité pour les employés.

 Le management par objectifs est une méthode de gestion largement utilisée dans de nombreuses entreprises et organisations du monde entier. Voici quelques exemples d'entreprises qui ont utilisé la méthode MBO :

• la société General Electric (GE) a adopté la méthode MBO dans les années 1950 sous la direction de Jack Welch, ancien P.-D.G. de GE. Welch a utilisé la méthode MBO pour encourager les employés de GE à atteindre des objectifs clairs et mesurables, ce qui a contribué à la croissance et au succès de l'entreprise ;

• Procter & Gamble est une entreprise mondiale qui fabrique et commercialise une grande variété de produits de consommation. L'entreprise utilise la méthode MBO pour établir des objectifs clairs et mesurables pour ses employés, afin de les responsabiliser et de les motiver à travailler vers des objectifs communs ;

• Microsoft est une entreprise de logiciels et de technologies qui utilise la méthode MBO pour établir des objectifs clairs et mesurables pour ses employés. La méthode MBO est utilisée pour responsabiliser les employés de Microsoft et pour les aider à se concentrer sur l'atteinte d'objectifs clés pour l'entreprise.

Il y a de nombreuses autres entreprises qui utilisent la méthode MBO pour gérer leurs opérations et améliorer la performance de leurs employés. La méthode MBO est une approche de gestion largement reconnue qui a été utilisée avec succès dans de nombreux secteurs différents.

AVANTAGES ET FORCES

Voici quelques-uns des principaux avantages et forces de la méthode MBO :

- le MBO permet de fixer des objectifs clairs et mesurables pour les employés, ce qui peut les **motiver** à travailler plus efficacement. Les employés peuvent se sentir responsabilisés et engagés dans leur travail s'ils sont impliqués dans la définition de leurs propres objectifs ;

- la méthode MBO peut **améliorer la communication** entre les employés et les supérieurs hiérarchiques. En fixant des objectifs clairs, les employés savent exactement ce que l'on attend d'eux, ce qui peut éviter les malentendus et les erreurs de communication ;

- en utilisant la méthode MBO, les employés peuvent se concentrer sur des objectifs clairs et mesurables, ce qui peut **améliorer leur performance**. Les employés peuvent également être encouragés à innover et à proposer de nouvelles idées pour atteindre leurs objectifs ;

- le MBO est une méthode de gestion **flexible** qui peut être adaptée à différents contextes et entreprises. Les objectifs peuvent être fixés à court terme ou à long terme, et la méthode peut être utilisée pour des tâches spécifiques, des projets à court terme ou des initiatives à long terme ;

- la méthode MBO peut aider à **aligner les objectifs** des employés sur ceux de l'entreprise. En fixant des objectifs clairs et mesurables pour les employés, l'entreprise peut s'assurer que tous les employés travaillent vers des objectifs communs;

- la méthode MBO permet de suivre les progrès réalisés vers les objectifs fixés et de fournir des commentaires réguliers aux employés. À la fin de la période de travail, les employés sont évalués en fonction de leur performance par rapport aux objectifs fixés, ce qui peut les aider à s'améliorer.

En utilisant la méthode MBO, les entreprises peuvent améliorer la motivation des employés, la communication, la performance et l'alignement sur les objectifs de l'entreprise. La méthode MBO peut également être utilisée pour encourager l'innovation et la créativité chez les employés.

INCONVÉNIENTS ET LIMITES

Bien que le management par objectifs présente de nombreux avantages, il y a également des inconvénients et des limitations à prendre en compte:

- la méthode MBO peut entraîner la fixation d'**objectifs trop rigides**, qui ne permettent pas aux employés de s'adapter aux changements imprévus. Des objectifs trop stricts peuvent décourager les employés et entraîner une baisse de leur motivation;

- les évaluations de la performance dans le cadre de la méthode MBO peuvent être subjectives, en fonction de l'opinion des supérieurs hiérarchiques. Les évaluations subjectives peuvent entraîner des inégalités entre les employés, des frustrations et une baisse de la motivation ;

- les **objectifs** fixés pour différents employés peuvent parfois être **contradictoires**, ce qui peut entraîner des tensions et des conflits. Les objectifs doivent être cohérents et alignés sur les objectifs de l'entreprise ;

- la méthode MBO peut **prendre du temps et être coûteuse** à mettre en place, surtout si elle doit être appliquée à tous les niveaux de l'entreprise. La formation des employés et des supérieurs hiérarchiques peut être nécessaire ;

- tous les aspects de la performance ne peuvent pas être mesurés de manière objective, ce qui peut entraîner une **limitation de la méthode** MBO. Les aspects de la performance tels que la créativité, la collaboration et l'innovation peuvent être difficiles à mesurer de manière objective ;

- la fixation d'objectifs élevés et la surveillance de la performance des employés peuvent **entraîner du stress** et des pressions sur la santé mentale des employés.

En conclusion, la méthode MBO présente des inconvénients et des limitations qui doivent être pris en compte. Il est important de trouver un équilibre entre les avantages de la méthode MBO et les risques liés à sa mise en place. La méthode MBO doit être mise en place de manière équitable et flexible pour éviter les effets négatifs sur la motivation et la santé mentale des employés.

ALTERNATIVES ET MÉTHODES COMPLÉMENTAIRES

Il existe plusieurs méthodes alternatives ou similaires au management par objectifs (MBO) qui peuvent être utilisées pour améliorer la performance des employés et des entreprises. Voici quelques-unes des méthodes alternatives ou similaires au MBO :

- la méthode **Objectifs à court terme** consiste à fixer des objectifs à court terme, qui peuvent être atteints plus rapidement que les objectifs à long terme. Cette méthode peut être utile pour maintenir la motivation des employés et s'adapter aux changements imprévus ;

- le **management par projet** consiste à organiser le travail autour de projets spécifiques, en fixant des objectifs clairs et mesurables pour chaque projet. Le management par projet permet de se concentrer sur des tâches spécifiques, d'optimiser la collaboration et la communication et de maximiser l'utilisation des ressources ;

- le **management participatif** consiste à impliquer les employés dans la prise de décision, en les encourageant à proposer des idées et à contribuer aux objectifs de l'entreprise. Cette méthode peut améliorer la motivation, la communication et la créativité des employés ;

- la méthode **Objectifs spécifiques et mesurables** est similaire au MBO, mais elle met l'accent sur des objectifs spécifiques et mesurables pour les employés. Les objectifs peuvent être liés à des projets, à des tâches ou à des initiatives plus larges de l'entreprise.

- les **objectifs SMART** consistent à fixer des objectifs spécifiques, mesurables, réalisables, pertinents et temporels. Cette méthode peut aider à s'assurer que les objectifs sont réalistes et cohérents avec les objectifs de l'entreprise.

En utilisant ces méthodes alternatives ou similaires, les entreprises peuvent améliorer la motivation, la communication et la performance des employés. Il est important de choisir la méthode qui convient le mieux à votre entreprise et à vos employés.

 **APPLICATIONS**

Étude de cas 1 : Intel corporation

Un cas pratique qui illustre bien le management par objectifs est celui de la société Intel. Intel a adopté la méthode MBO dans les années 1960 sous la direction de son fondateur, Robert Noyce, et de son directeur général, Andy Grove.

Le MBO a été utilisé chez Intel pour établir des objectifs clairs et mesurables pour les employés, ainsi que pour améliorer la communication et la collaboration au sein de l'entreprise. Les objectifs ont été établis pour tous les niveaux de l'entreprise, de la direction générale aux employés de production.

Un aspect clé de l'approche de MBO chez Intel était la définition d'objectifs à court terme et à long terme. Les employés avaient des objectifs à court terme pour les six prochains mois, ainsi que des objectifs à long terme pour les trois prochaines années. Les objectifs ont été établis en collaboration entre les employés et leurs supérieurs hiérarchiques.

La méthode MBO a aidé Intel à améliorer la performance de ses employés, à renforcer l'alignement sur les objectifs de l'entreprise et à favoriser une culture d'innovation et de responsabilisation. Intel a connu une croissance rapide dans les années qui ont suivi l'adoption de la méthode MBO, devenant l'un des leaders de l'industrie des semi-conducteurs.

Le cas d'Intel est un exemple de la manière dont la méthode MBO peut être utilisée pour améliorer la performance des employés et renforcer l'alignement sur les objectifs de l'entreprise. La méthode MBO est une approche de gestion efficace qui peut être utilisée dans de nombreux secteurs différents pour améliorer la performance des employés et la réussite de l'entreprise.

Étude de cas 2 : une entreprise de production alimentaire

Une entreprise de production alimentaire peut utiliser la méthode MBO pour améliorer la performance de ses employés. La direction fixe des objectifs clairs et mesurables pour chaque employé, qui sont alignés sur les objectifs de l'entreprise. Les employés sont encouragés à proposer des idées et des suggestions pour atteindre ces objectifs.

Par exemple, un employé qui travaille sur la chaîne de production peut se voir fixer l'objectif de réduire le temps nécessaire pour effectuer une tâche spécifique. Cet objectif est mesuré en utilisant des indicateurs de performance tels que le temps moyen nécessaire pour accomplir la tâche avant et après la mise en œuvre des changements.

L'employé peut proposer des idées pour atteindre cet objectif, telles que l'utilisation d'un nouvel équipement, la formation d'une nouvelle équipe ou la réorganisation de la chaîne de production. Une fois que l'employé a atteint l'objectif, il est évalué en fonction de ses performances par rapport aux objectifs fixés.

L'entreprise utilise également la méthode MBO pour améliorer la collaboration et la communication entre les employés et les supérieurs hiérarchiques. Les objectifs sont discutés lors d'entretiens réguliers, qui permettent de fournir des commentaires constructifs aux employés et de les aider à s'améliorer.

L'entreprise utilise la méthode MBO pour améliorer la performance globale de l'entreprise et pour encourager l'innovation et la créativité chez les employés. La méthode MBO est mise en place de manière équitable et flexible, en tenant compte des besoins et des préférences individuels de chaque employé.

POUR ALLER PLUS LOIN

Voici quelques suggestions de lectures pour approfondir vos connaissances sur le management par objectifs (MBO). Vous pourrez également découvrir de nouvelles façons de mettre en place cette méthode dans votre entreprise.

Management by Objectives: A System of Managerial Leadership de Peter Drucker. Ce livre est considéré comme un classique de la gestion. Il offre une vue d'ensemble complète de la méthode MBO et de ses applications dans les entreprises.

The One Minute Manager de Ken Blanchard et Spencer Johnson. Ce livre propose une introduction simple et facile à comprendre de la méthode MBO, ainsi que des techniques de gestion pour aider les employés à atteindre leurs objectifs.

Objectif zéro défaut de Philip B. Crosby. Ce livre explore la méthode MBO appliquée à la gestion de la qualité. Il propose des outils pratiques pour fixer des objectifs de qualité et améliorer la performance globale de l'entreprise.

Objectives and Key Results (OKR) Like a Boss de Christina Wodtke. Ce livre examine une variante de la méthode MBO appelée *Objectives and Key Results* (OKR). Il fournit des conseils pratiques pour mettre en place cette méthode dans une entreprise et améliorer la performance de l'entreprise.

Drive: The Surprising Truth About What Motivates Us de Daniel H. Pink. Ce livre explore les différentes motivations qui poussent les employés à travailler efficacement. Il offre des conseils pratiques pour appliquer la méthode MBO de manière à motiver efficacement les employés.

CONCLUSIONS ET RECOMMANDATIONS D'USAGE

Le management par objectifs (MBO) est une méthode populaire utilisée par de nombreuses entreprises pour améliorer la performance des employés et de l'entreprise dans son ensemble. La méthode MBO est basée sur la fixation d'objectifs clairs et mesurables pour chaque employé, qui sont alignés sur les objectifs de l'entreprise. Les employés sont encouragés à proposer des idées et des suggestions pour atteindre ces objectifs, et à participer activement à l'élaboration des plans d'action.

L'utilisation de la méthode MBO peut offrir de nombreux avantages, notamment l'amélioration de la motivation, de la communication et de la performance des employés. La méthode MBO peut également aider les entreprises à se concentrer sur des tâches spécifiques, à optimiser l'utilisation des ressources et à favoriser l'innovation et la créativité.

Cependant, la méthode MBO peut également présenter des inconvénients et des limites, notamment si elle est mise en place de manière trop rigide ou si elle est mal appliquée. Par exemple, la fixation d'objectifs trop élevés peut entraîner une pression excessive sur les employés et nuire à leur motivation et à leur moral.

Il est donc important de mettre en place la méthode MBO de manière équitable, flexible et adaptée à chaque entreprise et chaque employé. Il est également important de fournir des commentaires constructifs aux employés, de les encourager à participer activement et de s'adapter aux changements imprévus.

On peut en conclure que la méthode MBO peut être un outil puissant pour améliorer la performance des employés et de l'entreprise, à condition qu'elle soit mise en place de manière appropriée et qu'elle soit adaptée aux besoins de chaque entreprise et de chaque employé.

Votre avis nous intéresse !
Laissez un commentaire sur le site de votre librairie en ligne
et partagez vos coups de cœur sur les réseaux sociaux !

L'éditeur veille à la fiabilité des informations publiées, lesquelles ne pourraient toutefois engager sa responsabilité.

www.50minutes.com

ISBN version numérique : 9782808696579
ISBN version papier : 9782808696074
Dépôt légal : D/2023/12603/1981

Couverture : © Primento

Conception numérique : Primento, le partenaire numérique des éditeurs